U0116560

中華人民共和國
憲 法

三聯書店（香港）有限公司

中華人民共和國憲法

1982 年 12 月 4 日第五屆全國人民代表大會第五次會議通過　1982 年 12 月 4 日全國人民代表大會公告公佈施行

根據 1988 年 4 月 12 日第七屆全國人民代表大會第一次會議通過的《中華人民共和國憲法修正案》、1993 年 3 月 29 日第八屆全國人民代表大會第一次會議通過的《中華人民共和國憲法修正案》、1999 年 3 月 15 日第九屆全國人民代表大會第二次會議通過的《中華人民共和國憲法修正案》、2004 年 3 月 14 日第十屆全國人民代表大會第二次會議通過的《中華人民共和國憲法修正案》和 2018 年 3 月 11 日第十三屆全国人民代表大会第一次会议通過的《中華人民共和國憲法修正案》修正

目錄

序言

　　中國是世界上歷史最悠久的國家之一。中國各族人民共同創造了光輝燦爛的文化，具有光榮的革命傳統。

　　一八四〇年以後，封建的中國逐漸變成半殖民地、半封建的國家。中國人民為國家獨立、民族解放和民主自由進行了前仆後繼的英勇奮鬥。

　　二十世紀，中國發生了翻天覆地的偉大歷史變革。

　　一九一一年孫中山先生領導的辛亥革命，廢除了封建帝制，創立了中華民國。但是，中國人民反對帝國主義和封建主義的歷史任務還沒有完成。

　　一九四九年，以毛澤東主席為領袖的中國共產黨領導中國各族人民，在經歷了長期的艱難曲折的武裝鬥爭和其他形式的鬥爭以後，終於推翻了帝國主義、封建主義和官僚資本主義的統治，取得了新民主主義革命的偉大勝利，建立了中華人民共和國。從此，中國人民掌握了國家的權力，成為國家的主人。

中華人民共和國成立以後，我國社會逐步實現了由新民主主義到社會主義的過渡。生產資料私有制的社會主義改造已經完成，人剝削人的制度已經消滅，社會主義制度已經確立。工人階級領導的、以工農聯盟為基礎的人民民主專政，實質上即無產階級專政，得到鞏固和發展。中國人民和中國人民解放軍戰勝了帝國主義、霸權主義的侵略、破壞和武裝挑釁，維護了國家的獨立和安全，增強了國防。經濟建設取得了重大的成就，獨立的、比較完整的社會主義工業體系已經基本形成，農業生產顯著提高。教育、科學、文化等事業有了很大的發展，社會主義思想教育取得了明顯的成效。廣大人民的生活有了較大的改善。

　　中國新民主主義革命的勝利和社會主義事業的成就，是中國共產黨領導中國各族人民，在馬克思列寧主義、毛澤東思想的指引下，堅持真理，修正錯誤，戰勝許多艱難險阻而取得的。我國將長期處於社會主義初級階段。國家的根本任務是，沿着中國特色社會主義道路，集中力量進行社會主義現代化建設。中國各族人民將繼續在中國共產黨領導下，在馬克思列寧主義、毛澤東思想、鄧小平理論、"三個代表"重要思想、科學發展觀、習近平新時代中國特色社會主義思想指引下，堅持人民民主專政，堅持社會主義道路，堅持改革開放，不斷完善社會主義的各項制度，發展社會主義市場經濟，發展社會主義民主，健全社會主義法治，貫徹新發展理念，自力更生，艱苦奮鬥，逐步實現工業、農業、國防和科學技術的現代化，推動物質文明、政治文明、精神文明、社會文明、生態文明協調發展，把我國建設成為富強民主文明和諧美麗的社會主義現代化強國，實現中華民族偉大復興。

在我國，剝削階級作為階級已經消滅，但是階級鬥爭還將在一定範圍內長期存在。中國人民對敵視和破壞我國社會主義制度的國內外的敵對勢力和敵對分子，必須進行鬥爭。

台灣是中華人民共和國的神聖領土的一部分。完成統一祖國的大業是包括台灣同胞在內的全中國人民的神聖職責。

社會主義的建設事業必須依靠工人、農民和知識分子，團結一切可以團結的力量。在長期的革命、建設、改革過程中，已經結成由中國共產黨領導的，有各民主黨派和各人民團體參加的，包括全體社會主義勞動者、社會主義事業的建設者、擁護社會主義的愛國者、擁護祖國統一和致力於中華民族偉大復興的愛國者的廣泛的愛國統一戰線，這個統一戰線將繼續鞏固和發展。中國人民政治協商會議是有廣泛代表性的統一戰線組織，過去發揮了重要的歷史作用，今後在國家政治生活、社會生活和對外友好活動中，在進行社會主義現代化建設、維護國家的統一和團結的鬥爭中，將進一步發揮它的重要作用。中國共產黨領導的多黨合作和政治協商制度將長期存在和發展。

　　中華人民共和國是全國各族人民共同締造的統一的多民族國家。平等團結互助和諧的社會主義民族關係已經確立，並將繼續加強。在維護民族團結的鬥爭中，要反對大民族主義，主要是大漢族主義，也要反對地方民族主義。國家盡一切努力，促進全國各民族的共同繁榮。

中國革命、建設、改革的成就是同世界人民的支持分不開的。中國的前途是同世界的前途緊密地聯繫在一起的。中國堅持獨立自主的對外政策，堅持互相尊重主權和領土完整、互不侵犯、互不干涉內政、平等互利、和平共處的五項原則，堅持和平發展道路，堅持互利共贏開放戰略，發展同各國的外交關係和經濟、文化交流，推動構建人類命運共同體；堅持反對帝國主義、霸權主義、殖民主義，加強同世界各國人民的團結，支持被壓迫民族和發展中國家爭取和維護民族獨立、發展民族經濟的正義鬥爭，為維護世界和平和促進人類進步事業而努力。

本憲法以法律的形式確認了中國各族人民奮鬥的成果，規定了國家的根本制度和根本任務，是國家的根本法，具有最高的法律效力。全國各族人民、一切國家機關和武裝力量、各政黨和各社會團體、各企業事業組織，都必須以憲法為根本的活動準則，並且負有維護憲法尊嚴、保證憲法實施的職責。

第一章　總綱

第一條　中華人民共和國是工人階級領導的、以工農聯盟為基礎的人民民主專政的社會主義國家。

社會主義制度是中華人民共和國的根本制度。中國共產黨領導是中國特色社會主義最本質的特徵。禁止任何組織或者個人破壞社會主義制度。

第二條　中華人民共和國的一切權力屬於人民。

人民行使國家權力的機關是全國人民代表大會和地方各級人民代表大會。

人民依照法律規定，通過各種途徑和形式，管理國家事務，管理經濟和文化事業，管理社會事務。

第三條　中華人民共和國的國家機構實行民主集中制的原則。

全國人民代表大會和地方各級人民代表大會都由民主選舉產生，對人民負責，受人民監督。

國家行政機關、監察機關、審判機關、檢察機關都由人民代表大會產生，對它負責，受它監督。

中央和地方的國家機構職權的劃分，遵循在中央的統一領導下，充分發揮地方的主動性、積極性的原則。

第四條　中華人民共和國各民族一律平等。國家保障各少數民族的合法的權利和利益，維護和發展各民族的平等團結互助和諧關係。禁止對任何民族的歧視和壓迫，禁止破壞民族團結和製造民族分裂的行為。

國家根據各少數民族的特點和需要，幫助各少數民族地區加速經濟和文化的發展。

各少數民族聚居的地方實行區域自治，設立自治機關，行使自治權。各民族自治地方都是中華人民共和國不可分離的部分。

各民族都有使用和發展自己的語言文字的自由，都有保持或者改革自己的風俗習慣的自由。

第五條　中華人民共和國實行依法治國，建設社會主義法治國家。

國家維護社會主義法制的統一和尊嚴。

一切法律、行政法規和地方性法規都不得同憲法相抵觸。

一切國家機關和武裝力量、各政黨和各社會團體、各企業事業組織都必須遵守憲法和法律。一切違反憲法和法律的行為，必須予以追究。

任何組織或者個人都不得有超越憲法和法律的特權。

第六條 中華人民共和國的社會主義經濟制度的基礎是生產資料的社會主義公有制，即全民所有制和勞動群眾集體所有制。社會主義公有制消滅人剝削人的制度，實行各盡所能、按勞分配的原則。

國家在社會主義初級階段，堅持公有制為主體、多種所有制經濟共同發展的基本經濟制度，堅持按勞分配為主體、多種分配方式並存的分配制度。

第七條 國有經濟，即社會主義全民所有制經濟，是國民經濟中的主導力量。國家保障國有經濟的鞏固和發展。

第八條 農村集體經濟組織實行家庭承包經營

為基礎、統分結合的雙層經營體制。農村中的生產、供銷、信用、消費等各種形式的合作經濟，是社會主義勞動群眾集體所有制經濟。參加農村集體經濟組織的勞動者，有權在法律規定的範圍內經營自留地、自留山、家庭副業和飼養自留畜。

城鎮中的手工業、工業、建築業、運輸業、商業、服務業等行業的各種形式的合作經濟，都是社會主義勞動群眾集體所有制經濟。

國家保護城鄉集體經濟組織的合法的權利和利益，鼓勵、指導和幫助集體經濟的發展。

第九條　礦藏、水流、森林、山嶺、草原、荒地、灘塗等自然資源，都屬於國家所有，即全民所有；由法律規定屬於集體所有的森林和山嶺、草原、荒地、灘塗除外。

國家保障自然資源的合理利用，保護珍貴的動物和植物。禁止任何組織或者個人用任何手段侵佔或者破壞自然資源。

第十條　城市的土地屬於國家所有。

農村和城市郊區的土地，除由法律規定屬於國家所有的以外，屬於集體所有；宅基地和自留地、自留山，也屬於集體所有。

國家為了公共利益的需要，可以依照法律規定對土地實行徵收或者徵用並給予補償。

任何組織或者個人不得侵佔、買賣或者以其他形式非法轉讓土地。土地的使用權可以依照法律的規定轉讓。

一切使用土地的組織和個人必須合理地利用土地。

第十一條　在法律規定範圍內的個體經濟、私營經濟等非公有制經濟，是社會主義市場經濟的重要組成部分。

國家保護個體經濟、私營經濟等非公有制經濟的合法的權利和利益。國家鼓勵、支持和引導非公有制經濟的發展，並對非公有制經濟依法實行監督和管理。

第十二條　社會主義的公共財產神聖不可侵犯。

國家保護社會主義的公共財產。禁止任何組織或者個人用任何手段侵佔或者破壞國家的和集體的財產。

第十三條 公民的合法的私有財產不受侵犯。

國家依照法律規定保護公民的私有財產權和繼承權。

國家為了公共利益的需要，可以依照法律規定對公民的私有財產實行徵收或者徵用並給予補償。

第十四條 國家通過提高勞動者的積極性和技術水平，推廣先進的科學技術，完善經濟管理體制和企業經營管理制度，實行各種形式的社會主義責任制，改進勞動組織，以不斷提高勞動生產率和經濟效益，發展社會生產力。

國家厲行節約，反對浪費。

國家合理安排積累和消費，兼顧國家、集體和個人的利益，在發展生產的基礎上，逐步改善人民的物質生活和文化生活。

國家建立健全同經濟發展水平相適應的社會保障制度。

第十五條 國家實行社會主義市場經濟。

國家加強經濟立法，完善宏觀調控。

國家依法禁止任何組織或者個人擾亂社會經濟秩序。

第十六條 國有企業在法律規定的範圍內有權自主經營。

國有企業依照法律規定，通過職工代表大會和其他形式，實行民主管理。

第十七條 集體經濟組織在遵守有關法律的前提下，有獨立進行經濟活動的自主權。

集體經濟組織實行民主管理，依照法律規定選舉和罷免管理人員，決定經營管理的重大問題。

第十八條 中華人民共和國允許外國的企業和其他經濟組織或者個人依照中華人民共和國法律的規定在中國投資，同中國的企業或者其他經濟組織進行各種形式的經濟合作。

在中國境內的外國企業和其他外國經濟組織以及中外合資經營的企業，都必須遵守中華人民共和國的法律。它們的合法的權利和利益受中華人民共和國法律的保護。

第十九條　國家發展社會主義的教育事業，提高全國人民的科學文化水平。

國家舉辦各種學校，普及初等義務教育，發展中等教育、職業教育和高等教育，並且發展學前教育。

國家發展各種教育設施，掃除文盲，對工人、農民、國家工作人員和其他勞動者進行政治、文化、科學、技術、業務的教育，鼓勵自學成才。

國家鼓勵集體經濟組織、國家企業事業組織和其他社會力量依照法律規定舉辦各種教育事業。

國家推廣全國通用的普通話。

第二十條　國家發展自然科學和社會科學事業，普及科學和技術知識，獎勵科學研究成果和技術發明創造。

第二十一條　國家發展醫療衛生事業，發展現代醫藥和我國傳統醫藥，鼓勵和支持農村集體經濟組織、國家企業事業組織和街道組織舉辦各種醫療衛生設施，開展群眾性的衛生活動，保護人民健康。

國家發展體育事業，開展群眾性的體育活動，增強人民體質。

第二十二條　國家發展為人民服務、為社會主義服務的文學藝術事業、新聞廣播電視事業、出版發行事業、圖書館博物館文化館和其他文化事業，開展群眾性的文化活動。

國家保護名勝古跡、珍貴文物和其他重要歷史文化遺產。

第二十三條　國家培養為社會主義服務的各種專業人才，擴大知識分子的隊伍，創造條件，充分發揮他們在社會主義現代化建設中的作用。

第二十四條　國家通過普及理想教育、道德教育、文化教育、紀律和法制教育，通過在城鄉不同範圍的群眾中制定和執行各種守則、公約，加強社會主義精神文明的建設。

國家倡導社會主義核心價值觀，提倡愛祖國、愛人民、愛勞動、愛科學、愛社會主義的公德，在人民中進行愛國主義、集體主義和國際主義、共產主義的教育，進行辯證唯物主義和歷史唯物主義的教育，反對資本主義的、封建主義的和其他的腐朽思想。

第二十五條 國家推行計劃生育，使人口的增長同經濟和社會發展計劃相適應。

第二十六條 國家保護和改善生活環境和生態環境，防治污染和其他公害。

國家組織和鼓勵植樹造林，保護林木。

第二十七條 一切國家機關實行精簡的原則，實行工作責任制，實行工作人員的培訓和考核制度，不斷提高工作質量和工作效率，反對官僚主義。

一切國家機關和國家工作人員必須依靠人民的支持，經常保持同人民的密切聯繫，傾聽人民的意見和建議，接受人民的監督，努力為人民服務。

國家工作人員就職時應當依照法律規定公開進行憲法宣誓。

第二十八條 國家維護社會秩序，鎮壓叛國和其他危害國家安全的犯罪活動，制裁危害社會治安、破壞社會主義經濟和其他犯罪的活動，懲辦和改造犯罪分子。

第二十九條　中華人民共和國的武裝力量屬於人民。它的任務是鞏固國防，抵抗侵略，保衛祖國，保衛人民的和平勞動，參加國家建設事業，努力為人民服務。

國家加強武裝力量的革命化、現代化、正規化的建設，增強國防力量。

第三十條　中華人民共和國的行政區域劃分如下：

（一）全國分為省、自治區、直轄市；

（二）省、自治區分為自治州、縣、自治縣、市；

（三）縣、自治縣分為鄉、民族鄉、鎮。

直轄市和較大的市分為區、縣。自治州分為縣、自治縣、市。

自治區、自治州、自治縣都是民族自治地方。

第三十一條　國家在必要時得設立特別行政區。在特別行政區內實行的制度按照具體情況由全國人民代表大會以法律規定。

第三十二條　中華人民共和國保護在中國境內的

外國人的合法權利和利益，在中國境內的外國人必須遵守中華人民共和國的法律。

中華人民共和國對於因為政治原因要求避難的外國人，可以給予受庇護的權利。

第二章　公民的基本權利和義務

第三十三條　凡具有中華人民共和國國籍的人都是中華人民共和國公民。

中華人民共和國公民在法律面前一律平等。

國家尊重和保障人權。

任何公民享有憲法和法律規定的權利，同時必須履行憲法和法律規定的義務。

第三十四條　中華人民共和國年滿十八周歲的公民，不分民族、種族、性別、職業、家庭出身、宗教信仰、教育程度、財產狀況、居住期限，都有選舉權和被選舉權；但是依照法律被剝奪政治權利的人除外。

第三十五條　中華人民共和國公民有言論、出版、集會、結社、遊行、示威的自由。

第三十六條　中華人民共和國公民有宗教信仰自由。

任何國家機關、社會團體和個人不得強制公民信仰宗教或者不信仰宗教，不得歧視信仰宗教的公民和不信仰宗教的公民。

國家保護正常的宗教活動。任何人不得利用宗教進行破壞社會秩序、損害公民身體健康、妨礙國家教育制度的活動。

宗教團體和宗教事務不受外國勢力的支配。

第三十七條　中華人民共和國公民的人身自由不受侵犯。

任何公民，非經人民檢察院批准或者決定或者人民法院決定，並由公安機關執行，不受逮捕。

禁止非法拘禁和以其他方法非法剝奪或者限制公民的人身自由，禁止非法搜查公民的身體。

第三十八條　中華人民共和國公民的人格尊嚴不受侵犯。禁止用任何方法對公民進行侮辱、誹謗和誣告陷害。

第三十九條　中華人民共和國公民的住宅不受侵犯。禁止非法搜查或者非法侵入公民的住宅。

第四十條　中華人民共和國公民的通信自由和通信秘密受法律的保護。除因國家安全或者追查刑事犯罪的需要，由公安機關或者檢察機關依照法律規定的程序對通信進行檢查外，任何組織或者個人不得以任何理由侵犯公民的通信自由和通信秘密。

第四十一條　中華人民共和國公民對於任何國家機關和國家工作人員，有提出批評和建議的權利；對於任何國家機關和國家工作人員的違法失職行為，有向有關國家機關提出申訴、控告或者檢舉的權利，但是不得捏造或者歪曲事實進行誣告陷害。

對於公民的申訴、控告或者檢舉，有關國家機關必須查清事實，負責處理。任何人不得壓制和打擊報復。

由於國家機關和國家工作人員侵犯公民權利而受到損失的人，有依照法律規定取得賠償的權利。

第四十二條　中華人民共和國公民有勞動的權利和義務。

國家通過各種途徑，創造勞動就業條件，加強勞動保護，改善勞動條件，並在發展生產的基礎上，提高勞動報酬和福利待遇。

勞動是一切有勞動能力的公民的光榮職責。國有企業和城鄉集體經濟組織的勞動者都應當以國家主人翁的態度對待自己的勞動。國家提倡社會主義勞動競賽，獎勵勞動模範和先進工作者。國家提倡公民從事義務勞動。

國家對就業前的公民進行必要的勞動就業訓練。

第四十三條　中華人民共和國勞動者有休息的權利。

國家發展勞動者休息和休養的設施，規定職工的工作時間和休假制度。

第四十四條　國家依照法律規定實行企業事業組

織的職工和國家機關工作人員的退休制度。退休人員的生活受到國家和社會的保障。

第四十五條　中華人民共和國公民在年老、疾病或者喪失勞動能力的情況下，有從國家和社會獲得物質幫助的權利。國家發展為公民享受這些權利所需要的社會保險、社會救濟和醫療衛生事業。

國家和社會保障殘廢軍人的生活，撫恤烈士家屬，優待軍人家屬。

國家和社會幫助安排盲、聾、啞和其他有殘疾的公民的勞動、生活和教育。

第四十六條　中華人民共和國公民有受教育的權利和義務。

國家培養青年、少年、兒童在品德、智力、體質等方面全面發展。

第四十七條　中華人民共和國公民有進行科學研究、文學藝術創作和其他文化活動的自由。國家對於從事教育、科學、技術、文學、藝術和其他文化事業的公民的有益於人民的創造性工作，給以鼓勵和幫助。

第四十八條　中華人民共和國婦女在政治的、經濟的、文化的、社會的和家庭的生活等各方面享有同男子平等的權利。

國家保護婦女的權利和利益，實行男女同工同酬，培養和選拔婦女幹部。

第四十九條　婚姻、家庭、母親和兒童受國家的保護。

夫妻雙方有實行計劃生育的義務。

父母有撫養教育未成年子女的義務，成年子女有贍養扶助父母的義務。

禁止破壞婚姻自由，禁止虐待老人、婦女和兒童。

第五十條　中華人民共和國保護華僑的正當的權利和利益，保護歸僑和僑眷的合法的權利和利益。

第五十一條　中華人民共和國公民在行使自由和權利的時候，不得損害國家的、社會的、集體的利益和其他公民的合法的自由和權利。

第五十二條　中華人民共和國公民有維護國家統一和全國各民族團結的義務。

第五十三條　中華人民共和國公民必須遵守憲法和法律，保守國家秘密，愛護公共財產，遵守勞動紀律，遵守公共秩序，尊重社會公德。

第五十四條　中華人民共和國公民有維護祖國的安全、榮譽和利益的義務，不得有危害祖國的安全、榮譽和利益的行為。

第五十五條　保衛祖國、抵抗侵略是中華人民共和國每一個公民的神聖職責。

依照法律服兵役和參加民兵組織是中華人民共和國公民的光榮義務。

第五十六條　中華人民共和國公民有依照法律納稅的義務。

第三章　國家機構

第一節　全國人民代表大會

第五十七條　中華人民共和國全國人民代表大會是最高國家權力機關。它的常設機關是全國人民代表大會常務委員會。

第五十八條　全國人民代表大會和全國人民代表大會常務委員會行使國家立法權。

第五十九條　全國人民代表大會由省、自治區、直轄市、特別行政區和軍隊選出的代表組成。各少數民族都應當有適當名額的代表。

全國人民代表大會代表的選舉由全國人民代表大會常務委員會主持。

全國人民代表大會代表名額和代表產生辦法由法律規定。

第六十條　全國人民代表大會每屆任期五年。

全國人民代表大會任期屆滿的兩個月以前，全國人民代表大會常務委員會必須完成下屆全國人民代表大會代表的選舉。如果遇到不能進行選舉的非常情況，由全國人民代表大會常務委員會以全體組成人員的三分之二以上的多數通過，可以推遲選舉，延長本屆全國人民代表大會的任期。在非常情況結束後一年內，必須完成下屆全國人民代表大會代表的選舉。

第六十一條　全國人民代表大會會議每年舉行一次，由全國人民代表大會常務委員會召集。如果全國人民代表大會常務委員會認為必要，或者有五分之一以上的全國人民代表大會代表提議，可以臨時召集全國人民代表大會會議。

全國人民代表大會舉行會議的時候，選舉主席團主持會議。

第六十二條　全國人民代表大會行使下列職權：

（一）修改憲法；

（二）監督憲法的實施；

（三）制定和修改刑事、民事、國家機構的和其他的基本法律；

（四）選舉中華人民共和國主席、副主席；

（五）根據中華人民共和國主席的提名，決定國務院總理的人選；根據國務院總理的提名，決定國務院副總理、國務委員、各部部長、各委員會主任、審計長、秘書長的人選；

（六）選舉中央軍事委員會主席；根據中央軍事委員會主席的提名，決定中央軍事委員會其他組成人員的人選；

（七）選舉國家監察委員會主任；

（八）選舉最高人民法院院長；

（九）選舉最高人民檢察院檢察長；

（十）審查和批准國民經濟和社會發展計劃和計劃執行情況的報告；

（十一）審查和批准國家的預算和預算執行情況的報告；

（十二）改變或者撤銷全國人民代表大會常務委員

會不適當的決定；

（十三）批准省、自治區和直轄市的建置；

（十四）決定特別行政區的設立及其制度；

（十五）決定戰爭和和平的問題；

（十六）應當由最高國家權力機關行使的其他職權。

第六十三條　全國人民代表大會有權罷免下列人員：

（一）中華人民共和國主席、副主席；

（二）國務院總理、副總理、國務委員、各部部長、各委員會主任、審計長、秘書長；

（三）中央軍事委員會主席和中央軍事委員會其他組成人員；

（四）國家監察委員會主任；

（五）最高人民法院院長；

（六）最高人民檢察院檢察長。

第六十四條　憲法的修改，由全國人民代表大會常務委員會或者五分之一以上的全國人民代表大會代表提議，並由全國人民代表大會以全體代表的三分之二以上的多數通過。

法律和其他議案由全國人民代表大會以全體代表的過半數通過。

第六十五條 全國人民代表大會常務委員會由下列人員組成：

委員長，

副委員長若干人，

秘書長，

委員若干人。

全國人民代表大會常務委員會組成人員中，應當有適當名額的少數民族代表。

全國人民代表大會選舉並有權罷免全國人民代表大會常務委員會的組成人員。

全國人民代表大會常務委員會的組成人員不得擔任國家行政機關、監察機關、審判機關和檢察機關的職務。

第六十六條 全國人民代表大會常務委員會每屆

任期同全國人民代表大會每屆任期相同，它行使職權到下屆全國人民代表大會選出新的常務委員會為止。

委員長、副委員長連續任職不得超過兩屆。

第六十七條　全國人民代表大會常務委員會行使下列職權：

（一）解釋憲法，監督憲法的實施；

（二）制定和修改除應當由全國人民代表大會制定的法律以外的其他法律；

（三）在全國人民代表大會閉會期間，對全國人民代表大會制定的法律進行部分補充和修改，但是不得同該法律的基本原則相抵觸；

（四）解釋法律；

（五）在全國人民代表大會閉會期間，審查和批准國民經濟和社會發展計劃、國家預算在執行過程中所必須作的部分調整方案；

（六）監督國務院、中央軍事委員會、國家監察委員會、最高人民法院和最高人民檢察院的工作；

（七）撤銷國務院制定的同憲法、法律相抵觸的行政法規、決定和命令；

（八）撤銷省、自治區、直轄市國家權力機關制定的同憲法、法律和行政法規相抵觸的地方性法規和決議；

（九）在全國人民代表大會閉會期間，根據國務院總理的提名，決定部長、委員會主任、審計長、秘書長的人選；

（十）在全國人民代表大會閉會期間，根據中央軍事委員會主席的提名，決定中央軍事委員會其他組成人員的人選；

（十一）根據國家監察委員會主任的提請，任免國家監察委員會副主任、委員；

（十二）根據最高人民法院院長的提請，任免最高人民法院副院長、審判員、審判委員會委員和軍事法院院長；

（十三）根據最高人民檢察院檢察長的提請，任免最高人民檢察院副檢察長、檢察員、檢察委員會委員和軍事檢察院檢察長，並且批准省、自治區、直轄市的人民檢察院檢察長的任免；

（十四）決定駐外全權代表的任免；

（十五）決定同外國締結的條約和重要協定的批准和廢除；

（十六）規定軍人和外交人員的銜級制度和其他專門銜級制度；

（十七）規定和決定授予國家的勳章和榮譽稱號；

（十八）決定特赦；

（十九）在全國人民代表大會閉會期間，如果遇到國家遭受武裝侵犯或者必須履行國際間共同防止侵略的條約的情況，決定戰爭狀態的宣佈；

（二十）決定全國總動員或者局部動員；

（二十一）決定全國或者個別省、自治區、直轄市進入緊急狀態；

（二十二）全國人民代表大會授予的其他職權。

第六十八條 全國人民代表大會常務委員會委員長主持全國人民代表大會常務委員會的工作，召集全國人民代表大會常務委員會會議。副委員長、秘書長協助委員長工作。

委員長、副委員長、秘書長組成委員長會議，處理全國人民代表大會常務委員會的重要日常工作。

第六十九條 全國人民代表大會常務委員會對全國人民代表大會負責並報告工作。

第七十條 全國人民代表大會設立民族委員會、憲法和法律委員會、財政經濟委員會、教育科學文化衛生委員會、外事委員會、華僑委員會和其他需要設立的專門委員會。在全國人民代表大會閉會期間，各專門委員會受全國人民代表大會常務委員會的領導。

各專門委員會在全國人民代表大會和全國人民代表大會常務委員會領導下，研究、審議和擬訂有關議案。

第七十一條 全國人民代表大會和全國人民代表大會常務委員會認為必要的時候，可以組織關於特定問題的調查委員會，並且根據調查委員會的報告，作出相應的決議。

調查委員會進行調查的時候，一切有關的國家機關、社會團體和公民都有義務向它提供必要的材料。

第七十二條　全國人民代表大會代表和全國人民代表大會常務委員會組成人員，有權依照法律規定的程序分別提出屬於全國人民代表大會和全國人民代表大會常務委員會職權範圍內的議案。

第七十三條　全國人民代表大會代表在全國人民代表大會開會期間，全國人民代表大會常務委員會組成人員在常務委員會開會期間，有權依照法律規定的程序提出對國務院或者國務院各部、各委員會的質詢案。受質詢的機關必須負責答覆。

第七十四條　全國人民代表大會代表，非經全國人民代表大會會議主席團許可，在全國人民代表大會閉會期間非經全國人民代表大會常務委員會許可，不受逮捕或者刑事審判。

第七十五條　全國人民代表大會代表在全國人民代表大會各種會議上的發言和表決，不受法律追究。

第七十六條　全國人民代表大會代表必須模範地遵守憲法和法律，保守國家秘密，並且在自己參加的生產、工作和社會活動中，協助憲法和法律的實施。

全國人民代表大會代表應當同原選舉單位和人民保持密切的聯繫，聽取和反映人民的意見和要求，努力為人民服務。

第七十七條　全國人民代表大會代表受原選舉單位的監督。原選舉單位有權依照法律規定的程序罷免本單位選出的代表。

第七十八條　全國人民代表大會和全國人民代表大會常務委員會的組織和工作程序由法律規定。

第二節　中華人民共和國主席

第七十九條　中華人民共和國主席、副主席由全國人民代表大會選舉。

有選舉權和被選舉權的年滿四十五周歲的中華人民共和國公民可以被選為中華人民共和國主席、副主席。

中華人民共和國主席、副主席每屆任期同全國人民代表大會每屆任期相同。

第八十條　中華人民共和國主席根據全國人民代表大會的決定和全國人民代表大會常務委員會的決定，公佈法律，任免國務院總理、副總理、國務委員、各部部長、各委員會主任、審計長、秘書長，授予國家的勳章和榮譽稱號，發佈特赦令，宣佈進入緊急狀態，宣佈戰爭狀態，發佈動員令。

第八十一條　中華人民共和國主席代表中華人民共和國，進行國事活動，接受外國使節；根據全國人民代表大會常務委員會的決定，派遣和召回駐外全權代表，批准和廢除同外國締結的條約和重要協定。

第八十二條　中華人民共和國副主席協助主席工作。

中華人民共和國副主席受主席的委託，可以代行主席的部分職權。

第八十三條　中華人民共和國主席、副主席行使職權到下屆全國人民代表大會選出的主席、副主席就職為止。

第八十四條　中華人民共和國主席缺位的時候，由副主席繼任主席的職位。

中華人民共和國副主席缺位的時候，由全國人民代表大會補選。

中華人民共和國主席、副主席都缺位的時候，由全國人民代表大會補選；在補選以前，由全國人民代表大會常務委員會委員長暫時代理主席職位。

第三節　國務院

第八十五條　中華人民共和國國務院，即中央人民政府，是最高國家權力機關的執行機關，是最高國家行政機關。

第八十六條　國務院由下列人員組成：

總理，

副總理若干人，

國務委員若干人，

各部部長，

各委員會主任，

審計長，

秘書長。

國務院實行總理負責制。各部、各委員會實行部長、主任負責制。

國務院的組織由法律規定。

第八十七條　國務院每屆任期同全國人民代表大會每屆任期相同。

總理、副總理、國務委員連續任職不得超過兩屆。

第八十八條　總理領導國務院的工作。副總理、國務委員協助總理工作。

總理、副總理、國務委員、秘書長組成國務院常務會議。

總理召集和主持國務院常務會議和國務院全體

會議。

第八十九條　國務院行使下列職權：

（一）根據憲法和法律，規定行政措施，制定行政法規，發佈決定和命令；

（二）向全國人民代表大會或者全國人民代表大會常務委員會提出議案；

（三）規定各部和各委員會的任務和職責，統一領導各部和各委員會的工作，並且領導不屬於各部和各委員會的全國性的行政工作；

（四）統一領導全國地方各級國家行政機關的工作，規定中央和省、自治區、直轄市的國家行政機關的職權的具體劃分；

（五）編制和執行國民經濟和社會發展計劃和國家預算；

（六）領導和管理經濟工作和城鄉建設、生態文明建設；

（七）領導和管理教育、科學、文化、衛生、體育和計劃生育工作；

（八）　領導和管理民政、公安、司法行政等工作；

（九）　管理對外事務，同外國締結條約和協定；

（十）　領導和管理國防建設事業；

（十一）　領導和管理民族事務，保障少數民族的平等權利和民族自治地方的自治權利；

（十二）　保護華僑的正當的權利和利益，保護歸僑和僑眷的合法的權利和利益；

（十三）　改變或者撤銷各部、各委員會發佈的不適當的命令、指示和規章；

（十四）　改變或者撤銷地方各級國家行政機關的不適當的決定和命令；

（十五）　批准省、自治區、直轄市的區域劃分，批准自治州、縣、自治縣、市的建置和區域劃分；

（十六）　依照法律規定決定省、自治區、直轄市的範圍內部分地區進入緊急狀態；

（十七）　審定行政機構的編制，依照法律規定任免、培訓、考核和獎懲行政人員；

（十八）　全國人民代表大會和全國人民代表大會常

務委員會授予的其他職權。

第九十條　國務院各部部長、各委員會主任負責本部門的工作；召集和主持部務會議或者委員會會議、委務會議，討論決定本部門工作的重大問題。

各部、各委員會根據法律和國務院的行政法規、決定、命令，在本部門的權限內，發佈命令、指示和規章。

第九十一條　國務院設立審計機關，對國務院各部門和地方各級政府的財政收支，對國家的財政金融機構和企業事業組織的財務收支，進行審計監督。

審計機關在國務院總理領導下，依照法律規定獨立行使審計監督權，不受其他行政機關、社會團體和個人的干涉。

第九十二條　國務院對全國人民代表大會負責並報告工作；在全國人民代表大會閉會期間，對全國人民代表大會常務委員會負責並報告工作。

第四節　中央軍事委員會

第九十三條　中華人民共和國中央軍事委員會領導全國武裝力量。

中央軍事委員會由下列人員組成：

主席，

副主席若干人，

委員若干人。

中央軍事委員會實行主席負責制。

中央軍事委員會每屆任期同全國人民代表大會每屆任期相同。

第九十四條　中央軍事委員會主席對全國人民代表大會和全國人民代表大會常務委員會負責。

第五節　地方各級人民代表大會和地方各級人民政府

第九十五條　省、直轄市、縣、市、市轄區、鄉、民族鄉、鎮設立人民代表大會和人民政府。

地方各級人民代表大會和地方各級人民政府的組織由法律規定。

自治區、自治州、自治縣設立自治機關。自治機關的組織和工作根據憲法第三章第五節、第六節規定的基本原則由法律規定。

第九十六條　地方各級人民代表大會是地方國家權力機關。

縣級以上的地方各級人民代表大會設立常務委員會。

第九十七條　省、直轄市、設區的市的人民代表大會代表由下一級的人民代表大會選舉；縣、不設區的市、市轄區、鄉、民族鄉、鎮的人民代表大會代表由選民直接選舉。

地方各級人民代表大會代表名額和代表產生辦法由法律規定。

第九十八條 地方各級人民代表大會每屆任期五年。

第九十九條 地方各級人民代表大會在本行政區域內，保證憲法、法律、行政法規的遵守和執行；依照法律規定的權限，通過和發佈決議，審查和決定地方的經濟建設、文化建設和公共事業建設的計劃。

縣級以上的地方各級人民代表大會審查和批准本行政區域內的國民經濟和社會發展計劃、預算以及它們的執行情況的報告；有權改變或者撤銷本級人民代表大會常務委員會不適當的決定。

民族鄉的人民代表大會可以依照法律規定的權限採取適合民族特點的具體措施。

第一百條 省、直轄市的人民代表大會和它們的常務委員會，在不同憲法、法律、行政法規相抵觸的前提下，可以制定地方性法規，報全國人民代表大會常務委員會備案。

設區的市的人民代表大會和它們的常務委員會，在不同憲法、法律、行政法規和本省、自治區的地方性法規相抵觸的前提下，可以依照法律規定制定地方性法規，報本省、自治區人民代表大會常務委員會批准後施行。

第一百零一條 地方各級人民代表大會分別選舉並且有權罷免本級人民政府的省長和副省長、市長和副市長、縣長和副縣長、區長和副區長、鄉長和副鄉長、鎮長和副鎮長。

縣級以上的地方各級人民代表大會選舉並且有權罷免本級監察委員會主任、本級人民法院院長和本級人民檢察院檢察長。選出或者罷免人民檢察院檢察長，須報上級人民檢察院檢察長提請該級人民代表大會常務委員會批准。

第一百零二條 省、直轄市、設區的市的人民代表大會代表受原選舉單位的監督；縣、不設區的市、市轄區、鄉、民族鄉、鎮的人民代表大會代表受選民的監督。

地方各級人民代表大會代表的選舉單位和選民有權依照法律規定的程序罷免由他們選出的代表。

第一百零三條 縣級以上的地方各級人民代表大會常務委員會由主任、副主任若干人和委員若干人組成，對本級人民代表大會負責並報告工作。

縣級以上的地方各級人民代表大會選舉並有權罷免本級人民代表大會常務委員會的組成人員。

縣級以上的地方各級人民代表大會常務委員會的組成人員不得擔任國家行政機關、監察機關、審判機關和檢察機關的職務。

第一百零四條 縣級以上的地方各級人民代表大會常務委員會討論、決定本行政區域內各方面工作的重大事項；監督本級人民政府、監察委員會、人民法院和人民檢察院的工作；撤銷本級人民政府的不適當的決定和命令；撤銷下一級人民代表大會的不適當的決議；依照法律規定的權限決定國家機關工作人員的任免；在本級人民代表大會閉會期間，罷免和補選上一級人民代表大會的個別代表。

第一百零五條 地方各級人民政府是地方各級國家權力機關的執行機關，是地方各級國家行政機關。

地方各級人民政府實行省長、市長、縣長、區長、鄉長、鎮長負責制。

第一百零六條 地方各級人民政府每屆任期同本級人民代表大會每屆任期相同。

第一百零七條 縣級以上地方各級人民政府依照法律規定的權限，管理本行政區域內的經濟、教育、科學、文化、衛生、體育事業、城鄉建設事業和財政、民政、公安、民族事務、司法行政、計劃生育等行政工作，發佈決定和命令，任免、培訓、考核和獎懲行政工作人員。

鄉、民族鄉、鎮的人民政府執行本級人民代表大會的決議和上級國家行政機關的決定和命令，管理本行政區域內的行政工作。

省、直轄市的人民政府決定鄉、民族鄉、鎮的建置和區域劃分。

第一百零八條　縣級以上的地方各級人民政府領導所屬各工作部門和下級人民政府的工作，有權改變或者撤銷所屬各工作部門和下級人民政府的不適當的決定。

第一百零九條　縣級以上的地方各級人民政府設立審計機關。地方各級審計機關依照法律規定獨立行使審計監督權，對本級人民政府和上一級審計機關負責。

第一百一十條　地方各級人民政府對本級人民代表大會負責並報告工作。縣級以上的地方各級人民政府在本級人民代表大會閉會期間，對本級人民代表大會常務委員會負責並報告工作。

地方各級人民政府對上一級國家行政機關負責並報告工作。全國地方各級人民政府都是國務院統一領導下的國家行政機關，都服從國務院。

第一百一十一條　城市和農村按居民居住地區設立的居民委員會或者村民委員會是基層群眾性自治組織。居民委員會、村民委員會的主任、副主任和委員由居民選舉。居民委員會、村民委員會同基層政權的相互關係由法律規定。

居民委員會、村民委員會設人民調解、治安保衛、公共衛生等委員會，辦理本居住地區的公共事務和公益事業，調解民間糾紛，協助維護社會治安，並且向人民政府反映群眾的意見、要求和提出建議。

第六節　民族自治地方的自治機關

第一百一十二條　民族自治地方的自治機關是自治區、自治州、自治縣的人民代表大會和人民政府。

第一百一十三條　自治區、自治州、自治縣的人民代表大會中，除實行區域自治的民族的代表外，其他居住在本行政區域內的民族也應當有適當名額的代表。

自治區、自治州、自治縣的人民代表大會常務委員會中應當有實行區域自治的民族的公民擔任主任或者副主任。

第一百一十四條　自治區主席、自治州州長、自治縣縣長由實行區域自治的民族的公民擔任。

第一百一十五條　自治區、自治州、自治縣的自治機關行使憲法第三章第五節規定的地方國家機關的職權，同時依照憲法、民族區域自治法和其他法律規定的權限行使自治權，根據本地方實際情況貫徹執行國家的法律、政策。

第一百一十六條　民族自治地方的人民代表大會有權依照當地民族的政治、經濟和文化的特點，制定自治條例和單行條例。自治區的自治條例和單行條例，報全國人民代表大會常務委員會批准後生效。自治州、自治縣的自治條例和單行條例，報省或者自治區的人民代表大會常務委員會批准後生效，並報全國人民代表大會常務委員會備案。

第一百一十七條　民族自治地方的自治機關有管理地方財政的自治權。凡是依照國家財政體制屬於民族自治地方的財政收入，都應當由民族自治地方的自治機關自主地安排使用。

第一百一十八條　民族自治地方的自治機關在國家計劃的指導下，自主地安排和管理地方性的經濟建設事業。

國家在民族自治地方開發資源、建設企業的時候，應當照顧民族自治地方的利益。

第一百一十九條　民族自治地方的自治機關自主地管理本地方的教育、科學、文化、衛生、體育事業，保護和整理民族的文化遺產，發展和繁榮民族文化。

第一百二十條　民族自治地方的自治機關依照國家的軍事制度和當地的實際需要，經國務院批准，可以組織本地方維護社會治安的公安部隊。

第一百二十一條　民族自治地方的自治機關在執行職務的時候，依照本民族自治地方自治條例的規定，使用當地通用的一種或者幾種語言文字。

第一百二十二條　國家從財政、物資、技術等方面幫助各少數民族加速發展經濟建設和文化建設事業。

國家幫助民族自治地方從當地民族中大量培養各級幹部、各種專業人才和技術工人。

第七節　監察委員會

第一百二十三條　中華人民共和國各級監察委員會是國家的監察機關。

第一百二十四條　中華人民共和國設立國家監察委員會和地方各級監察委員會。

監察委員會由下列人員組成：

主任，

副主任若干人，

委員若干人。

監察委員會主任每屆任期同本級人民代表大會每屆任期相同。國家監察委員會主任連續任職不得超過兩屆。

監察委員會的組織和職權由法律規定。

第一百二十五條 中華人民共和國國家監察委員會是最高監察機關。

國家監察委員會領導地方各級監察委員會的工作，上級監察委員會領導下級監察委員會的工作。

第一百二十六條 國家監察委員會對全國人民代表大會和全國人民代表大會常務委員會負責。地方各級監察委員會對產生它的國家權力機關和上一級監察委員會負責。

第一百二十七條 監察委員會依照法律規定獨立行使監察權，不受行政機關、社會團體和個人的干涉。

監察機關辦理職務違法和職務犯罪案件，應當與審判機關、檢察機關、執法部門互相配合，互相制約。

第八節　人民法院和人民檢察院

　　第一百二十八條　中華人民共和國人民法院是國家的審判機關。

　　第一百二十九條　中華人民共和國設立最高人民法院、地方各級人民法院和軍事法院等專門人民法院。

　　最高人民法院院長每屆任期同全國人民代表大會每屆任期相同，連續任職不得超過兩屆。

　　人民法院的組織由法律規定。

　　第一百三十條　人民法院審理案件，除法律規定的特別情況外，一律公開進行。被告人有權獲得辯護。

　　第一百三十一條　人民法院依照法律規定獨立行使審判權，不受行政機關、社會團體和個人的干涉。

　　第一百三十二條　最高人民法院是最高審判機關。

　　最高人民法院監督地方各級人民法院和專門人民法院的審判工作，上級人民法院監督下級人民法院的審判工作。

第一百三十三條　最高人民法院對全國人民代表大會和全國人民代表大會常務委員會負責。地方各級人民法院對產生它的國家權力機關負責。

第一百三十四條　中華人民共和國人民檢察院是國家的法律監督機關。

第一百三十五條　中華人民共和國設立最高人民檢察院、地方各級人民檢察院和軍事檢察院等專門人民檢察院。

最高人民檢察院檢察長每屆任期同全國人民代表大會每屆任期相同，連續任職不得超過兩屆。

人民檢察院的組織由法律規定。

第一百三十六條　人民檢察院依照法律規定獨立行使檢察權，不受行政機關、社會團體和個人的干涉。

第一百三十七條　最高人民檢察院是最高檢察機關。

最高人民檢察院領導地方各級人民檢察院和專門人民檢察院的工作，上級人民檢察院領導下級人民檢察院的工作。

第一百三十八條　最高人民檢察院對全國人民代表大會和全國人民代表大會常務委員會負責。地方各級人民檢察院對產生它的國家權力機關和上級人民檢察院負責。

第一百三十九條　各民族公民都有用本民族語言文字進行訴訟的權利。人民法院和人民檢察院對於不通曉當地通用的語言文字的訴訟參與人，應當為他們翻譯。

在少數民族聚居或者多民族共同居住的地區，應當用當地通用的語言進行審理；起訴書、判決書、佈告和其他文書應當根據實際需要使用當地通用的一種或者幾種文字。

第一百四十條　人民法院、人民檢察院和公安機關辦理刑事案件，應當分工負責，互相配合，互相制約，以保證準確有效地執行法律。

第四章　國旗、國歌、國徽、首都

第一百四十一條　中華人民共和國國旗是五星紅旗。

中華人民共和國國歌是《義勇軍進行曲》。

第一百四十二條　中華人民共和國國徽，中間是五星照耀下的天安門，周圍是穀穗和齒輪。

第一百四十三條　中華人民共和國首都是北京。

書　　名	**中華人民共和國憲法**	

出　　版　三聯書店（香港）有限公司

香港北角英皇道 499 號北角工業大廈 20 樓

Joint Publishing（H.K.）Co., Ltd.

20/F., North Point Industrial Building,

499 King's Road, North Point, Hong Kong

香港發行　香港聯合書刊物流有限公司

香港新界大埔汀麗路 36 號 3 字樓

印　　刷　美雅印刷製本有限公司

香港九龍觀塘榮業街 6 號 4 樓 A 室

版　　次　2018 年 4 月香港第一版第一次印刷

規　　格　大 32 開（148 × 210 mm）64 面

國際書號　ISBN 978-962-04-4329-9